ABC DA BÍBLIA

Coleção POR TRÁS DAS PALAVRAS

- *Catecismo da Bíblia*, Dom Paulo Lopes de Faria
- *ABC da Bíblia*, VV.AA.
- *Esperança de um povo que luta: o Apocalipse de São João*, Carlos Mesters
- *Bíblia: livro feito em mutirão*, Carlos Mesters
- *Pequeno vocabulário da Bíblia*, Wolfgang Gruen
- *Bíblia: livro da aliança (Êxodo 19-24)*, Carlos Mesters
- *Os dez mandamentos: ferramenta da comunidade*, Carlos Mesters
- *Paulo Apóstolo: um trabalhador que anuncia o Evangelho*, Carlos Mesters

ABC
DA BÍBLIA

Textos preparados por:

Pe. Alberto Antoniazzi
Inês Broshuis
Rosana Pulga
com a participação dos demais membros do CENTRO BÍBLICO de Belo Horizonte

Impressão e acabamento
PAULUS

 Seja um leitor preferencial **PAULUS**.
Cadastre-se e receba informações
sobre nossos lançamentos e nossas promoções:
paulus.com.br/cadastro
Televendas: **(11) 3789-4000 / 0800 016 40 11**

1ª edição, 1982
46ª reimpressão, 2021

© PAULUS – 1982

Rua Francisco Cruz, 229 • 04117-091 – São Paulo (Brasil)
Tel.: (11) 5087-3700
paulus.com.br • editorial@paulus.com.br

ISBN 978-85-349-0247-2

I ENCONTRO

UM POVO QUE CAMINHA

Introdução

Estas páginas são uma primeira introdução à leitura da Bíblia. Destinam-se às nossas Comunidades Eclesiais de Base, Círculos Bíblicos e outros grupos que querem fazer um primeiro estudo da Bíblia. Mas dirigem-se também a todos que querem aprofundar-se no assunto através de uma leitura pessoal.

A Bíblia é o livro mais conhecido do mundo inteiro. Já foi traduzido para 1685 línguas. Mesmo assim, continua um livro desconhecido. Muita gente a tem em casa, mas não a abre.

Hoje em dia, a Bíblia desperta, cada vez mais, o interesse do povo cristão. Especialmente nas nossas Comunidades Eclesiais de Base e nos Círculos Bíblicos orienta a reflexão sobre a vida.

De onde vem a Bíblia? Quem a escreveu? Quando? Por que é um livro tão importante? São, em geral, as primeiras perguntas que surgem.

O Povo da Bíblia

A Bíblia surge no meio de um povo do Oriente, o Povo de Israel. Este povo cria uma literatura que relata sua história, suas reflexões, sua sabedoria, sua oração. Toda essa literatura é inspirada pela sua fé no único Deus que lhes revela: "Estou sempre com vocês!"

O Povo da Bíblia mora perto do Mar Mediterrâneo, no Oriente Médio.

Inicialmente, é um grupo de migrantes, vindos da Mesopotâmia (hoje Iraque). São chamados HEBREUS e descendem de Abraão.

Muita gente quer ser dona da terra onde moram esses hebreus. Os Cananeus, outros moradores de lá, a chamam de CANAÃ. Os Israelitas a chamam de ISRAEL. Mais tarde será chamada PALESTINA: terra dos Filisteus (Veja o mapa 1).

Os Patriarcas

Com ABRAÃO se inicia a história do Povo da Bíblia.

Abraão sai da Mesopotâmia, à procura de uma nova terra. Sai com sua família e vai morar em Canaã. Isto se dá lá pelo ano 1850 antes de Cristo (1850 a.C.).

Em Canaã nascem os filhos, os netos. A família vai se multiplicando.

Abraão, Isaac e Jacó são chamados PATRIARCAS. Eles são os primeiros pais e fundadores do Povo da Bíblia. (Jacó é também chamado ISRAEL).

O povo muda para o Egito

Muita gente se muda para o EGITO, onde a terra é mais fértil. Entre eles estão Jacó e sua família.

Com o passar dos tempos, os faraós (reis) do Egito, começam a escravizar o povinho, e, entre os outros, aos Hebreus.

Libertação e volta à sua terra

Surge no meio do povo um líder que chefia um movimento de libertação. Com a ajuda de Deus, faz o povo fugir da opressão dos reis do Egito. Este líder é MOISÉS.

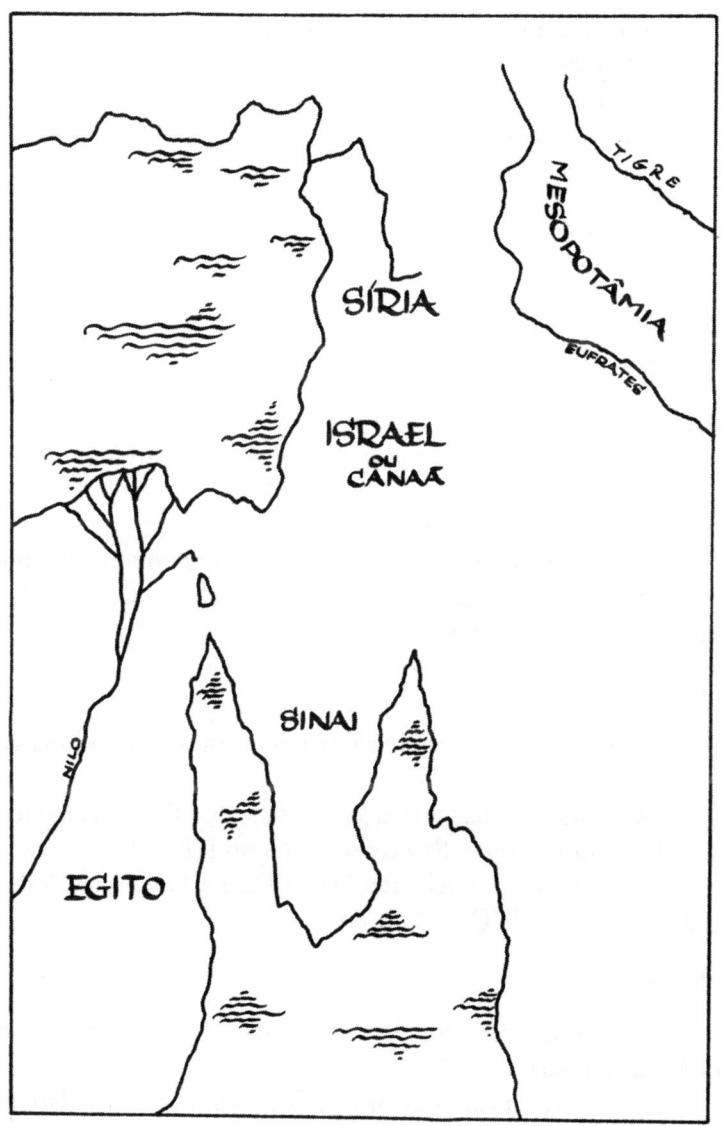

Mapa 1

O povo caminha pelo deserto durante 40 anos, de volta a Canaã. Moisés morre antes de o povo entrar naquela terra. Em seu lugar fica JOSUÉ, como principal líder do povo.

Depois da morte de Josué, o povo é liderado por outros chefes, chamados JUÍZES. O último deles é SAMUEL.

Os primeiros reis

Para ser mais forte contra os ataques dos seus inimigos, o povo deseja um REI, assim como o têm outros povos vizinhos.

O primeiro rei é SAUL.

O segundo rei é DAVI. É considerado o rei mais importante que o povo da Bíblia teve em toda a sua história.

Davi vence todos os povos vizinhos, une o povo e aumenta seu reino. Como capital escolhe Jerusalém.

O terceiro rei é SALOMÃO (± 900 a.C.).

É durante o reinado de Salomão que surgem os primeiros escritos da Bíblia. Antes, as histórias do povo são transmitidas de boca em boca, de pai para filho.

Divisão do reino

Depois da morte do rei Salomão há muitas lutas políticas e brigas. O reino acaba dividido em dois:

* O Norte, que não quer aceitar o filho de Salomão como rei. Fica com o nome: Reino do Norte, ou ISRAEL.

* O Sul, que fica fiel à família de Davi. O Reino do Sul se chama: Reino de JUDÁ. (Veja o mapa 2).

As dominações

Os grandes impérios daquele tempo não deixam o povo da Bíblia em paz.

Em 724/721 a.C., a Assíria invade o Reino do Norte (Israel) e toma posse daquela região.

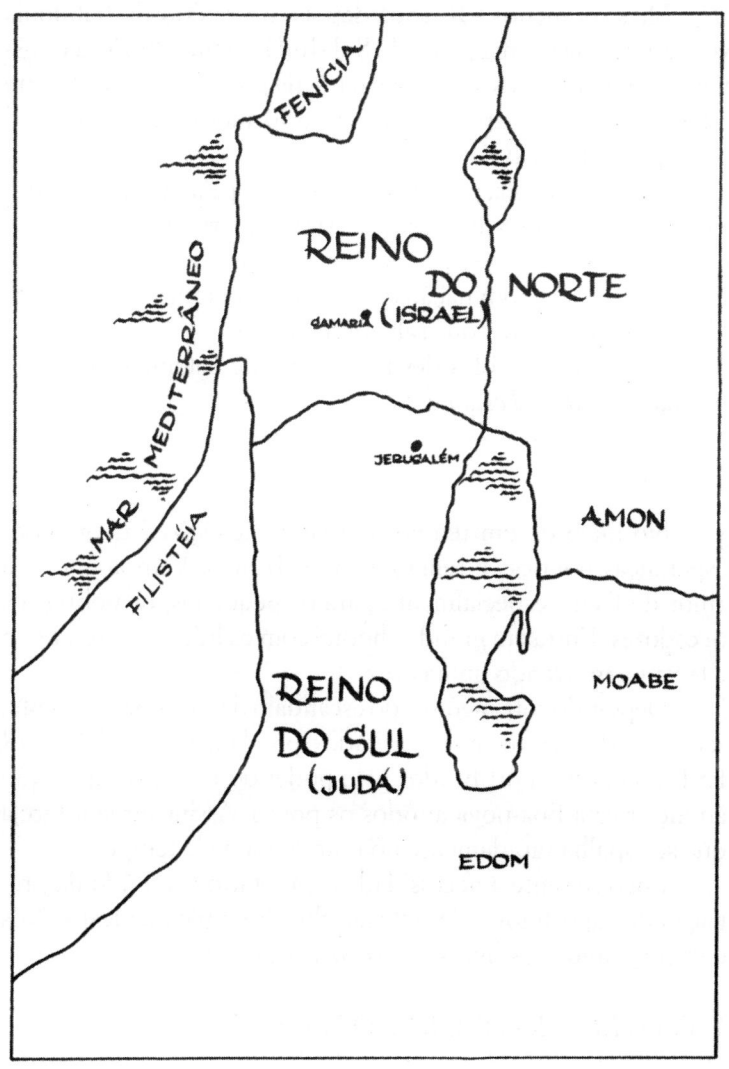

Mapa 2

Mais ou menos 150 anos depois, o Império da Babilônia vence a Assíria e toma posse do Sul (Judá), pondo fim à sua existência. Os babilônios levam boa parte da população de Judá para a Babilônia, onde permanece durante 50 anos (587-538 a.C.). É o tempo do EXÍLIO.

Mas a Babilônia, por sua vez, é vencida pela Pérsia. O rei dos Persas deixa o povo judeu voltar para sua terra. Daí em diante, os judeus são quase sempre dominados por povos estrangeiros. É nesta época de dominação que surge a esperança de um MESSIAS, um novo Davi, que salvará seu povo.

Os livros redigidos desde o tempo de Salomão até agora, formam o *Antigo Testamento*.

Jesus Cristo

No meio de um tempo de grande agitação e de grandes esperanças políticas e religiosas, vem JESUS. Vem anunciar o amor de Deus, especialmente para os pequenos, os pobres, os pecadores. Entra em grande choque com os líderes do seu Povo e termina morrendo numa cruz.

Depois do sofrimento e do escândalo da sua morte violenta, seus seguidores o veem ressuscitado e proclamam: "O SENHOR ESTÁ VIVO!". Fortificados pelo poder do Espírito Santo, vão anunciar esta Boa-nova a todos os povos. Assim surge a Igreja que se espalha rapidamente no mundo daquele tempo.

Logo se sente a necessidade de anotar o conteúdo da pregação dos apóstolos e da reflexão dos discípulos de Jesus. Nós o encontramos nos livros do *Novo Testamento*.

VAMOS REVER O CAMINHO FEITO

1. Onde morava o povo que escreveu a Bíblia?
2. Quem são os Patriarcas? Por que têm esse nome?

3. De onde vem Abraão? Onde se estabelece com sua família?
4. Que acontece com o povo no Egito?
5. Quem é o libertador dos hebreus?
6. Como se chamam os primeiros reis de Israel?
7. Como se chamam os dois reinos depois da divisão?
8. Quais os povos que dominam o Povo da Bíblia?
9. Que é o "Exílio na Babilônia"? Quando se dá?
10. Quando são escritos os livros do Antigo Testamento? E do Novo?

* Consulte também a figura 1 para ter uma visão de conjunto da história do povo da Bíblia.

Vamos terminar nosso encontro com uma oração. É tirada do livro dos Salmos, um dos livros do Antigo Testamento. Vamos rezar alternadamente (em dois grupos, A e B).

SALMO 43

A. Senhor, nosso Deus!
Ouvimos com nossos próprios ouvidos,
o que nossos pais nos contaram
sobre as maravilhas que Tu realizaste com eles,
nos tempos de outrora!
B. Tu mesmo, Senhor, com a Tua mão, povos expulsaste,
para ter uma terra onde estabelecer o teu povo.
A. Nações inteiras exterminaste,
para dar um lugar amplo aos nossos antepassados.
B. Mas não foi com a força de suas próprias armas,
que eles ocuparam a terra e conquistaram a sua liberdade!
A. Pelo contrário,
foi o poder do teu braço e a luz da tua esperança.
Porque Tu os amavas.

Todos: Ouvimos com nossos próprios ouvidos,
o que nossos pais nos contaram,
sobre as maravilhas que Tu realizaste com eles
nos tempos de outrora!
Tu mesmo, Senhor, com a tua mão!

Não esqueça de trazer sempre a Bíblia para os encontros!

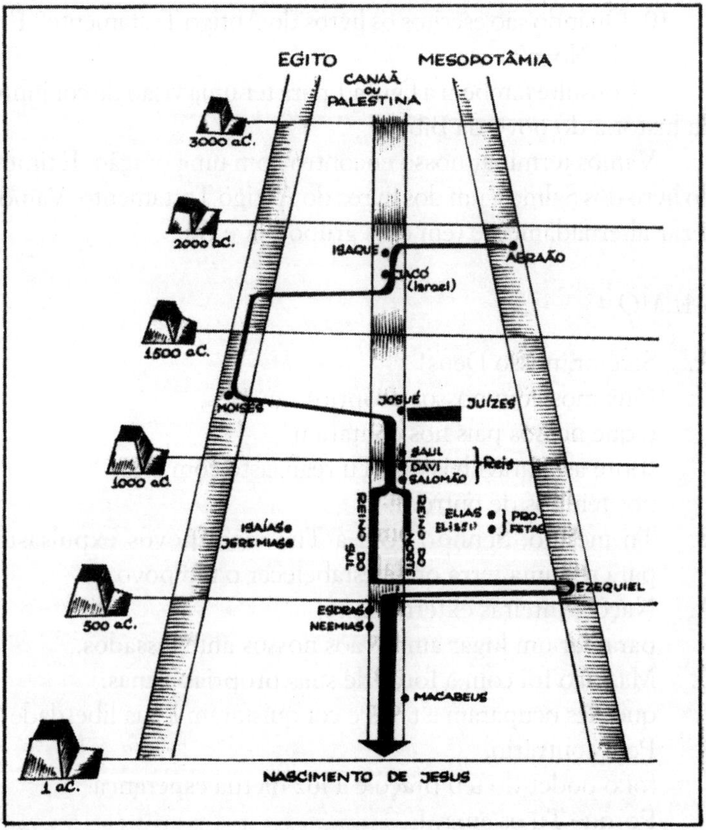

Figura 1

II ENCONTRO

DEUS TAMBÉM CAMINHA COM O SEU POVO

Dizemos que a Bíblia é Palavra de Deus. Quem nos fala na Bíblia é o próprio Deus. Como?

Será que Deus tomou a mão de cada autor para escrever o que ele quis dizer? Ou que Deus iluminou a mente de alguém que, de repente, ficou sabendo o que Deus queria comunicar?

Deus também caminha com o Povo

No nosso primeiro encontro, vimos alguma coisa da história do povo da Bíblia.

Esta história não é tão diferente da história dos outros povos daquele tempo. Mas a diferença é que esses povos não descobriram o que Israel, ajudado por Deus, percebeu:

"Não estamos sós. Deus caminha conosco. Estamos na sua mão.

Existe uma relação toda especial entre Deus e nós!"

A descoberta da Revelação

Esta descoberta da relação profunda entre Deus e seu Povo, nós a chamamos de *Revelação*. Claro que o Povo não poderia descobrir isto, se o próprio Deus não tivesse dado a luz para entender.

Antes do livro, a vida

Já vimos que, inicialmente, o Povo da Bíblia é um punhado de gente simples, que vai crescendo e se multiplicando. Mas acontecem coisas importantes na *vida* dessa gente: a mudança para o Egito, a opressão lá, a saída sob a liderança de Moisés, a passagem pelo deserto. Assim, o Povo aprende a lutar, a observar e a refletir sobre tudo o que acontece. Vão descobrindo a mão de Deus em tudo isso e expressam sua fé em celebrações festivas, em cantos e orações. Contam de pai para filho as grandes obras de Deus.

De volta à terra de Canaã, liderados pelos Juízes, e, mais tarde, pelos primeiros reis, o Povo vai se unindo mais. Começa a formar uma nação mais bem organizada, com uma certa liderança no mundo daquele tempo. E começam a escrever (já então no tempo de Salomão). Escrevem o quê? A vida do Povo: suas lutas, suas reflexões, suas orações, seus cantos. Assim, a Bíblia começa a ser escrita.

E assim continua. Há a divisão do reino, as dominações estrangeiras, a volta para a terra. O Povo vai vivendo, sofrendo, lutando, rezando e outros escritos da Bíblia vão surgindo. Eles são obra especialmente de homens que falam inspirados por Deus: os profetas. Eles vão ajudar o Povo a refletir melhor e a compreender o que Deus espera. Vão ajudar também o Povo a viver melhor, a celebrar, a lutar, a não perder a esperança.

Deus fala pelos acontecimentos e pelas palavras

A Bíblia é o reflexo de uma vivência do Povo com seu Deus, de Deus com seu Povo. Deus está na história do Povo, e, por isto, está na Bíblia. Por sua vez, a Bíblia vai ajudar o Povo a viver. É Deus, através da Bíblia, que anima e orienta seu Povo para continuar a lutar e viver e nunca desanimar.

É por tudo isto que dizemos que a Bíblia é Palavra de Deus, Revelação de Deus.

A Aliança

O Povo da Bíblia vai descobrindo, cada vez mais, quais os laços que o ligam a Deus. Dizem: Deus nos ama.

Os Profetas gostam de comparar Deus a um marido todo dedicado à sua esposa. Deus é o Esposo; o Povo, a comunidade, é a esposa.

Também gostam de outra comparação: o povo de Israel, em vez de procurar aliar-se a um Império poderoso, faz *aliança* com o próprio Deus.

Nós, hoje, chamamos de "aliança" o anel de casamento. É porque o anel lembra o compromisso do casal: AMOR E FIDELIDADE ATÉ À MORTE. Assim é o amor de Deus para com seu Povo.

Por isto chamamos a Bíblia o "Livro da Aliança".

(Na tradução para outras línguas, a palavra "Aliança" foi substituída por "pacto" e, depois, menos exatamente, por "testamento". Daí o uso das expressões "Antigo Testamento" e "Novo Testamento" para indicar a Antiga e a Nova Aliança.

Antigo e Novo Testamento indicam também a *coleção de livros* da Bíblia que tratam da Antiga e da Nova Aliança).

A celebração da Aliança no monte Sinai

No 2º livro da Bíblia, o Êxodo, lemos como Deus faz aliança com seu Povo. O Povo vive no Egito sob a escravidão e dominação dos poderosos. Sofre muito. Deus manda Moisés para libertar seu Povo da escravidão e levá-lo de volta à terra de Canaã. É uma libertação penosa, difícil, mas o Povo vê claramente a mão libertadora de Deus que o ajuda a vencer.

Atravessando o deserto, chegam ao monte Sinai. Aí o Povo celebra a Aliança com Deus. Podemos ler isto no livro de Êxodo, capítulos 19,1-8 e 20,1-21.

Deus diz que o Povo será seu Povo. E, como Povo de Deus, terá uma responsabilidade toda especial entre todos os povos. Como resposta ao gesto libertador de Deus, Deus espera do seu Povo fidelidade, responsabilidade.

Deus quer lhes mostrar também que a escravidão do Egito acabou, mas que o Povo pode continuar sendo escravizado. Por isto, Deus dá umas normas para ajudá-lo a não cair novamente na escravidão, permitindo que uns dominem aos outros dentro do próprio povo.

Estas normas nós as chamamos: "Os Dez Mandamentos". O Povo da Bíblia as chama de "A Lei da Aliança". Mas é claro para todos que a Lei lhes é dada para continuarem verdadeiramente *livres.*

Por isso, o Povo da Bíblia considera os mandamentos um *grande presente* de Deus. Eles são o caminho da verdadeira paz e felicidade.

Na Bíblia encontramos muitas orações que cantam a beleza da Lei, caminho seguro para viver a Aliança e encontrar a verdadeira liberdade.

Os Profetas, guardiões da Aliança

Apesar de entender todas essas coisas, o Povo é, muitas vezes, infiel à Aliança. Cai no pecado, na desobediência. Como uma esposa infiel, vai atrás de outros amores.

Aí surgem aqueles homens sábios e santos, chamados PROFETAS. Eles falam em nome de Deus e chamam a atenção do Povo, quando está enveredando por um caminho errado. Os Profetas advertem:

"Se continuarem assim, as coisas irão mal.

Mudem de atitude. Convertam-se!"

Mas os Profetas não somente ameaçam. Em tempos de grande sofrimento e perseguição, são eles que falam da esperança:

"Deus virá novamente libertar seu Povo.

Deus não se esqueceu da sua Aliança.
Ele vai concluir uma *nova* Aliança".
Assim, o Povo vai descobrindo:
"Apesar da nossa infidelidade, Deus continua o Esposo que vai educando sua esposa à fidelidade. Sempre espera a nossa volta. Sempre nos dá uma nova chance. Sempre perdoa e começa de novo".
(Pode ler, na Bíblia, como os Profetas falam sobre a Aliança: Is 54, 5-7; Is 62, 5; Jr 31, 31-33; Ez 16,1ss; Os 2, 21-22)

"Ofereceste muitas vezes aliança aos homens
e os instruíste pelos profetas
na esperança da salvação"
(Oração Eucarística IV)

VAMOS REVER O CAMINHO FEITO

1. Onde Deus se revela primeiro: na história do Povo ou nos seus escritos?
2. Por que a Bíblia compara a um casamento o relacionamento de Deus com seu Povo?
3. O tema mais importante da Bíblia é a Aliança. Que é Aliança?
4. Que quer dizer: Antigo Testamento — Novo Testamento?
5. Como Deus cumpriu a Aliança? E o Povo, como a cumpriu?
6. Onde e quando é celebrada a Aliança de Deus com Moisés e seu povo?
7. Por que o Povo considera a Lei um presente de Deus?
8. Que são Profetas? Qual a sua missão?

9. Qual é a resposta de Deus à infidelidade do seu Povo?
10. A Aliança existe também em nossa vida? Como?

Vamos terminar nosso encontro com o canto do Salmo 118, que canta a beleza da Lei de Deus (Também podem rezar o Salmo).
Ant. *A Palavra de Deus é a verdade; sua Lei, liberdade.*

1. A Lei do Senhor é perfeita, conforto para a alma.
   O testemunho do Senhor é verdadeiro; sabedoria dos humildes.
2. Os preceitos do Senhor são justos, alegria ao coração.
   O mandamento do Senhor é reto; esplendor para os olhos.
3. O temor do Senhor é santo e firme para sempre. Os juízos do Senhor são fiéis e justos igualmente,
4. E mais desejáveis do que o ouro, do que o ouro mais fino. Suas palavras são mais doces do que o mel, do que o suco dos favos.
5. Teu servo por elas instruído, encontrará recompensa. Mas quem de toda falta se apercebe? Perdoa as que eu não vejo.
6. Do orgulho preserva o teu servo; que ele em mim não domine.
   Então serei puro e preservado dos grandes pecados.
7. Recebe as palavras de meus lábios e os afetos de minha alma na tua presença, ó Senhor, meu rochedo e redentor.

Ant. *A Palavra de Deus é a verdade; sua Lei, liberdade.*

III ENCONTRO

A PRIMEIRA ETAPA: O ANTIGO TESTAMENTO

O nome *"Bíblia"*

A palavra "Bíblia" vem do grego "biblos", que significa "livro". Daí o diminutivo "biblíon" = livrinho, que no plural fica "Bíblia".
Daí, em nossa língua, BÍBLIA.
O próprio nome da Bíblia nos diz que ela é o LIVRO por excelência. Mas é um livro feito por muitos livros.

A divisão da Bíblia

A Bíblia está dividida em duas grandes partes:
* o Antigo Testamento (que se abrevia AT) ou Velho Testamento;
* o Novo Testamento (que se abrevia NT).
Correspondem às duas grandes etapas da história do Povo de Deus: a Antiga Aliança (antes de Jesus) e a Nova Aliança (a partir de Jesus).

A Bíblia é uma biblioteca

A Bíblia é como uma coleção ou uma biblioteca. Ela contém 73 livros de épocas e de estilos diferentes. (Veja a figura 2).

A BÍBLIA É UMA COLEÇÃO DE LIVROS,
ESCRITOS EM ÉPOCAS DIVERSAS,
POR AUTORES DIVERSOS
E EM DIVERSOS GÊNEROS LITERÁRIOS.

Figura 2

UMA SUGESTÃO PRÁTICA

Este livrinho contém diversas ilustrações: mapas da Palestina, a biblioteca da Bíblia, a árvore do Novo Testamento etc. Aceita uma sugestão? Transforme num belo cartaz uma ou mais destas figuras. O cartaz poderá decorar sua casa, a sala de reunião do círculo bíblico ou da catequese, a capela da comunidade. E ajudará a fazer conhecer melhor a Bíblia!

O Antigo Testamento contém 46 livros;
O Novo Testamento contém 27 livros;

ao todo 73 livros

(Abra sua Bíblia no índice dos livros, para ver quais são eles. Vamos ler o nome de todos).

O Pentateuco

Os primeiros 5 livros do Antigo Testamento são chamados "Pentateuco". É uma palavra grega que significa "cinco livros".

Esses 5 livros são também chamados "TORÁ" (= Lei) porque contêm a Lei da Antiga Aliança.

Os livros do Pentateuco são:

* *Gênesis* (abreviado Gn) = o livro que traz reflexões sobre as origens do mundo, do homem, do pecado, do Povo de Deus;
* *Êxodo* (abreviado Ex) = *a saída.* Reflete sobre a saída do povo hebreu do Egito sob a liderança de Moisés;
* *Levítico* (abreviado Lv): se chama assim porque traz as leis do culto e as obrigações dos sacerdotes e levitas;
* *Números* (abreviado Nm): se chama assim porque começa com a *contagem* do Povo de Israel;
* *Deuteronômio* (abreviado Dt) = *segunda lei.* É o livro que relata novamente a promulgação da lei da Aliança. Convida à conversão e fidelidade.

Outros livros do Antigo Testamento

* Livros HISTÓRICOS. São 16 livros que narram histórias do Povo e seus líderes, como, por exemplo, Josué, Juízes, Samuel, os Reis.

(Vamos ler no índice da Bíblia os nomes de todos eles).

Algumas edições da Bíblia reúnem os quatro livros de Samuel e Reis sob o único título de "Livros dos Reis". Assim:
o 1º Livro de Samuel = o 1º Livro dos Reis;
o 2º Livro de Samuel = o 2º Livro dos Reis;
o 1º Livro dos Reis = o 3º Livro dos Reis;
o 2º Livro dos Reis = o 4º Livro dos Reis.
Nessas edições, o 1º e o 2º Livro das Crônicas são chamados: 1º e 2º Livro dos Paralipômenos.

* *Livros* SAPIENCIAIS ou de SABEDORIA. São 7 livros. Neles encontramos a expressão da sabedoria e dos sentimentos do Povo: ditados, poesias, cantos, orações, etc.
(Vamos ler no índice da Bíblia o nome de todos eles).

*Livros PROFÉTICOS. São 18 livros. Trazem a vida e a mensagem dos Profetas. Por exemplo: Isaías, Jeremias, Ezequiel, Amós.
(Vamos ler no índice da Bíblia o nome de todos eles).

Quando foi escrito o AT e como?

O Antigo Testamento foi escrito aos poucos, ao longo de quase mil anos.

Já vimos que, de início, a história e as leis do Povo de Israel eram transmitidas de boca em boca, de pai para filho.

Quando alguns começaram a colocar por escrito essas tradições (a partir do século X a.C. ou da época de Salomão), não surgiram logo os livros que nós conhecemos. Os textos mais antigos foram desenvolvidos e reelaborados mais de uma vez, na medida em que o Povo ia aprendendo as lições da história. Com a ajuda dos Profetas, ia reconhecendo novos aspectos da revelação de Deus.

Assim a Bíblia foi escrita em épocas diversas e por muitas pessoas. Por isso, as vezes, a Bíblia pode contar o mesmo assunto de maneiras diferentes. (Compare, por exemplo, o relato da criação do homem e da mulher em Gn 1, 26-31 com o relato de Gn 2,7-25).

Outras vezes, num mesmo capítulo, estão entrelaçados textos de épocas distantes.

Também há grande variedade de tipos de textos (os chamados "gêneros literários"). No Antigo Testamento temos leis, histórias, crônicas, poesias de amor, cânticos da liturgia, provérbios e até umas poucas fábulas e novelas. Naturalmente é muito importante distinguir esses tipos de texto para entendê-los bem.

Como foi conservado e multiplicado o AT?

Naquela época se escrevia, com tinta e caneta, em folhas de papiro (depois costuradas para formar rolos) ou em pedaços de couro ou pergaminho (depois ajuntados em forma de livro). O texto original era copiado muitas vezes.

Conhecemos hoje muitas cópias desses antigos manuscritos (veja a figura 3). Eles transmitiram o texto hebraico do Antigo Testamento e suas traduções mais antigas, gregas e latinas. Só no século XV as Bíblias começaram a ser impressas e aí se introduziu a divisão em capítulos e versículos, que usamos até hoje.

Como procurar um texto

Os livros da Bíblia estão divididos em *capítulos e versículos* para facilitar a procura e a citação de uma frase.

Quando você lê, por exemplo, a indicação "Ex 5,12", o primeiro número indica o capítulo. Neste caso, é o livro do Êxodo, capítulo 5. O número depois da vírgula indica o versículo. Neste caso, é o versículo 12.

Na Bíblia, o número dos capítulos está indicado com um número grande; os versículos com números bem pequenos. (Veja também a figura 4).

FIGURA 3 — Um dos mais antigos manuscritos da Bíblia é o "primeiro rolo de Isaías", do I século a.C. Foi descoberto na Gruta nº 1 de Qumrã. É feito por 17 tiras de couro, costuradas de modo a formar um rolo de 7,34 m. de comprimento e 26 cm de altura.

FIGURA 4 — CAPÍTULOS E VERSÍCULOS DA BÍBLIA

Geralmente, nas diversas edições da Bíblia:
- os sinais laterais indicam os textos "paralelos" (isto é, semelhantes) dos outros livros da Bíblia;
- número grande indica o capítulo do livro;
- os números pequenos indicam os versículos.

Sb 10,4
2Pd 2,5

Lv 11 +

7 ¹Iahweh disse a Noé: "Entra na arca, tu e toda a tua família porque és o único justo que vejo diante de mim no meio desta geração.
²De todos os animais puros, tomarás sete pares, o macho e sua fêmea; dos animais que não são puros, tomarás um casal, o macho e sua fêmea ³(e também das aves do céu, sete pares, o macho e sua fêmea), para perpetuarem a espécie.

VAMOS REVER O CAMINHO FEITO

1. O que significa a palavra "Bíblia"?
2. Como se divide a Bíblia?
3. Quantos livros tem a Bíblia?
4. Quantos são os livros do Antigo Testamento?
5. Que quer dizer "Pentateuco" e quais são seus livros?
6. Que outros tipos de livros tem o Antigo Testamento? De que tratam?
7. Quando foi escrito o Antigo Testamento e como?
8. Como foi conservado e multiplicado?
9. Como você distingue o capítulo e o versículo?
10. Procure os seguintes textos para se acostumar um pouco com o manuseio da Bíblia: Ex 19,1; Sl 8, 2-3; Is 61,1.

Vamos terminar nosso encontro com um canto.

Refrão: Toda Bíblia é comunicação de um Deus-Amor, de um Deus-Irmão.
É feliz quem crê na Revelação, quem tem Deus no coração.

1. Jesus Cristo é a Palavra, pura imagem de Deus Pai. Ele é vida e verdade, a suprema caridade.
2. Os profetas sempre mostram a vontade do Senhor. Precisamos ser profetas para o mundo ser melhor.
3. Vinde a nós, ó Santo Espírito, vinde nos iluminar. A Palavra que nos salva nós queremos conservar.

IV ENCONTRO

A NOVA ALIANÇA EM JESUS CRISTO

Já vimos como Deus fez Aliança com seu Povo. Libertou o Povo da escravidão e o levou de volta à terra de Canaã. Deus deu sua Lei e esperou do seu Povo amor e fidelidade.

Mas nem sempre essa resposta foi dada. O Povo se afastava de Deus. Então surgiam os Profetas que lembravam ao Povo o seu compromisso.

Jesus é o novo Profeta

Depois de ter falado pelos Profetas, Deus quer falar ainda mais de perto. Quer revelar-se ainda melhor. Ele o faz através do seu Filho JESUS.

Jesus é o Profeta por excelência, o grande enviado de Deus, o seu grande mensageiro, o Filho. Muito mais do que os profetas, ele pode falar de Deus, mostrar quem é Deus.

Jesus mostra o Deus da Aliança, o Deus de amor que se dá até o fim. A bondade de Jesus, a sua misericórdia, a sua exigência, a sua doação até à morte, mostram o amor do seu Pai.

Jesus, por seu modo de viver e pregar, entra em choque com as autoridades do seu tempo. Jesus prega um Deus diferente, que eles não podem aceitar. Por isto o eliminam. Jesus é condenado à morte da cruz, a morte mais humilhante e escandalosa que um judeu podia imaginar.

A Boa-nova se espalha

Mas, depois do aparente fracasso, os apóstolos de Jesus testemunham:

"JESUS ESTÁ VIVO. JESUS RESSUSCITOU!
Verdadeiramente, ele é o Messias, o Cristo, o Senhor!"
Fortificados pelo poder do Espírito Santo, vão anunciar esta mensagem a todos que a querem ouvir. Surgem as primeiras comunidades cristãs e a Igreja se espalha rapidamente no mundo daquele tempo.

O Antigo Testamento fala de Jesus

Os primeiros seguidores de Jesus são judeus. Segundo seu costume, reúnem-se para ouvir as Escrituras que são, então, somente o Antigo Testamento. Mas eles começam a ler aqueles escritos com olhos novos. Tudo se ilumina com nova luz, com um novo entendimento. Eles descobrem que o Antigo Testamento fala de Jesus, veladamente, e que o anuncia como aquele que vai completar a obra de Deus, como o Messias esperado.

No Evangelho de João (5, 39) Jesus diz:

"Vocês examinam as Escrituras, porque pensam encontrar nelas a vida eterna. Ora, são elas que falam a respeito de mim".

Quando Jesus aparece aos seus discípulos depois da ressurreição, ele lhes diz:

"Enquanto ainda estava com vocês, eu falei que tinha de acontecer tudo o que estava escrito a meu respeito na Lei de Moisés, nos livros dos Profetas e nos Salmos".

Então abriu as mentes deles para entenderem as Escrituras Sagradas (Lc 24,44-45).

Para o cristão, a Bíblia toda é o livro de Jesus Cristo. Sua vinda é o acontecimento que divide em duas partes a história humana. Tudo pode ser visto como preparação para sua vinda ou consequência dela.

> Toda Sagrada Escritura fala de Cristo, e encontra sua plenitude em Cristo, porque forma um único livro, o livro da VIDA, que é Cristo.
>
> (Hugo de São Vítor)

Com Jesus tudo se torna novo

Com Jesus, inicia-se um novo Reino: um reino de justiça e amor.
Cristo é o novo Rei, o novo Davi.
Surge um novo Povo: todos que seguem a Jesus Cristo e se unem na Igreja de Jesus.
A antiga Lei tem sua plenitude na nova Lei do Amor.
Jesus é o novo Moisés que liberta seu Povo do pecado e que caminha com ele rumo a uma nova Terra de justiça e paz.
A história do Povo de Deus, o novo Israel, continua.
Cristo veio renovar, aperfeiçoar e levar tudo à sua plenitude.

VAMOS REVER O CAMINHO FEITO

1. Por que dizemos que Jesus é o novo Profeta?
2. Como Jesus revela seu Pai?
3. Qual é a Boa-nova que os apóstolos pregam?
4. Qual a ligação entre o Antigo e o Novo Testamento?
5. Como tudo se torna novo em Jesus Cristo?

Vamos terminar nosso encontro, rezando juntos um hino em honra de Cristo, que encontramos na Carta de São Paulo aos Filipenses (2,6-11):

Jesus era da mesma condição de Deus.
Ele não considerou a situação de ser igual a Deus
como alguma coisa de que não pudesse se desgarrar.

Mas ele pôs de lado a sua condição
e assumiu a condição de servo,
encarnando-se como homem.
Além de se comportar como homem,
chegou a humilhar-se e a obedecer até a morte
e morte de cruz!
Por isso Deus o engrandeceu
e lhe deu um Nome
que é maior que qualquer outro título ou posição,
de modo que, ao nome de Jesus,
todo o mundo se ajoelhe:
quem está no céu,
quem está na terra,
quem está no mundo dos mortos.
E, para a glória de Deus, o Pai,
todas as bocas gritem e testemunhem:
— JESUS É O SENHOR!

V ENCONTRO

A SEGUNDA ETAPA: OS LIVROS DO NOVO TESTAMENTO

Como já vimos, o livro lido nas primeiras comunidades cristãs era o Antigo Testamento. O Novo Testamento ainda não estava escrito.

Jesus não escreveu nem mandou escrever nada. Nem os apóstolos e discípulos tinham gravador para registrar as palavras de Jesus.

Os apóstolos começaram *a pregar*. Transmitiam oralmente o que Jesus tinha feito e ensinado. Daqui e dali surgiram resumos. Tais resumos serviram de base para os Evangelhos que foram escritos mais tarde, a partir do ano 70, ou pouco antes.

Nas comunidades cristãs também se refletia sobre o ensinamento dos apóstolos e alguns deles, principalmente Paulo, colocaram por escrito suas orientações através de "cartas" ou "epístolas".

Assim surgiram os livros do Novo Testamento.

Os Evangelhos

São os 4 livros que vêm logo no começo do nosso Novo Testamento.

A palavra "Evangelho" quer dizer: BOA-NOVA, Boas Notícias.

Os Evangelhos proclamam como BOA-NOVA que Jesus é o Cristo, o Salvador. Narram as ações e palavras de Jesus, mas do jeito como diversas comunidades cristãs as refletiram.

Assim temos, nos 4 evangelhos, pontos de vista diferentes sobre a vida e a mensagem de Jesus.

Autores dos evangelhos são considerados Mateus, Marcos, Lucas e João. Eles colocaram por escrito tradições vindas desde os apóstolos e reflexões das comunidades cristãs.
(Vamos ver na Bíblia os 4 evangelhos e seus autores).

Atos dos Apóstolos

É um livro escrito por Lucas, o autor do 3º Evangelho.

Este livro narra a vida dos Apóstolos, especialmente de Pedro e Paulo, suas atividades e sua pregação, desde a ressurreição de Jesus até a chegada do Evangelho à Capital do Império, Roma.

Descreve também um pouco da vida das primeiras comunidades cristãs, para apresentá-las como modelo a ser seguido também pelos cristãos de outras épocas.
(Vamos ver na Bíblia onde está este livro).

Cartas de São Paulo

São atribuidas a Paulo 14 cartas.

Delas, 9 são dirigidas a comunidades cristãs. Paulo fundava comunidades e, de vez em quando, voltava para ajudá-las, animá-las e resolver problemas. Quando não podia ir pessoalmente, enviava umas longas cartas.

As 9 cartas dirigidas a uma comunidade são:

* Carta aos Romanos
* Duas cartas aos Coríntios
* Carta aos Gálatas
* Carta aos Efésios
* Carta aos Filipenses
* Carta aos Colossenses
* Duas cartas aos Tessalonicenses

(Vamos vê-las na Bíblia).

Seguem as 3 cartas chamadas "Cartas Pastorais". Estas cartas não são dirigidas a comunidades, mas a seus líderes ou "pastores". Daí o nome de "Cartas Pastorais".

As Cartas Pastorais são:
* A primeira e a segunda carta a Timóteo
* A carta a Tito

(Vamos vê-las na Bíblia).

Há ainda uma carta dirigida a um cristão, chamado Filêmon.

A última é uma carta dirigida, em geral, aos Hebreus. Esta e, provavelmente, algumas das outras cartas não foram escritas por Paulo pessoalmente, mas por discípulos dele.

(Vamos ver essas cartas na Bíblia).

As cartas que São Paulo escreveu pessoalmente, são mais antigas que os Evangelhos. A mais antiga é a primeira carta aos Tessalonicenses, escrita em 51, que é também o mais antigo livro do NT.

Paulo morreu em 64 (ou 67), antes que fosse escrito o primeiro Evangelho, o de Marcos.

Epístolas católicas

Ainda há 7 cartas ou epístolas "católicas". São chamadas assim porque não se dirigem a uma pessoa ou a uma determinada comunidade, mas a todas as igrejas cristãs. (Católico significa universal).

Estas cartas são:

* Carta de São Tiago
* Duas cartas de São Pedro
* Três cartas de São João
* Carta de São Judas

(Vamos vê-las na Bíblia).

O NOVO TESTAMENTO É O FRUTO DE UMA ÁRVORE CUJO TRONCO É JESUS E CUJAS RAÍZES AFUNDAM NO ANTIGO TESTAMENTO. OS RAMOS SÃO AS COMUNIDADES CRISTÃS, EDIFICADAS PELOS APÓSTOLOS.

Figura 5

Apocalipse

Este livro é atribuído a João.

"Apocalipse" significa "revelação".

O autor deste livro deseja sustentar a fé dos primeiros cristãos e encorajá-los a suportar com firmeza as primeiras perseguições, principalmente as de Nero e Domiciano, imperadores romanos.

O autor usa uma linguagem simbólica, mas que é entendida pelos cristãos. Assim descreve a derrota dos perseguidores e a vitória final de Cristo.

Não é um livro de "mistérios", nem anuncia desgraças para os cristãos. Pelo contrário, é um livro que conforta e dá coragem.

O Apocalipse é o último livro da Bíblia.

Como procurar um texto do Novo Testamento

A procura dos textos, capítulos e versículos, se faz como no Antigo Testamento.

No Novo Testamento encontramos muitas vezes diversas cartas de uma mesma pessoa ou a uma mesma comunidade. Assim, Paulo escreveu duas cartas à comunidade de Corinto. Para saber qual das cartas é, coloca-se um número antes do nome da carta. Veja:

1Cor 13,4-6 é a primeira carta aos Coríntios, capítulo 13, vers. 4 a 6.

2Cor 5,1-3 é a segunda carta aos Coríntios, cap. 5, vers. 1 a 3.

As cartas de São João se distinguem do seu Evangelho justamente por causa desse número.

Jo 4,6-10 é o Evangelho de São João, cap. 4, vers. 6 a 10.

1Jo 4,6-10 é a primeira carta de São João, cap. 4, vers. 6 a 10.

VAMOS REVER O CAMINHO FEITO

1. Quantos são os livros do Novo Testamento?
2. Quantos são os Evangelhos e quem são seus autores?
3. Que significa a palavra "Evangelho"?
4. O que narra o livro "Atos dos Apóstolos"?
5. Quantas cartas são atribuídas a São Paulo?
6. Quais são as cartas dirigidas a certas comunidades cristãs?
7. Quais são as cartas pastorais? Por que se chamam assim?
8. Quais são as epístolas católicas? Por que se chamam assim?
9. Que quer dizer "Apocalipse" e por que foi escrito?
10. Qual o escrito mais antigo do Novo Testamento?

Vamos terminar nosso encontro com uma oração, em forma de poesia, escrita por São Paulo na sua carta aos Coríntios (1Cor 13,1-13). Vamos rezar alternadamente (em dois grupos, A e B).

A. Eu posso falar a língua dos homens,
e até dos anjos,
mas se não tiver amor,
o que eu falo será como o barulho do gongo
ou o som do sino.

B. Posso ter o dom de anunciar mensagens inspiradas,
ter todo conhecimento,
entender todos os segredos,
e ter toda a fé necessária para tirar as montanhas de seus lugares,
mas se não tiver amor,
eu nada serei.

A. Posso dar tudo o que tenho,
e até entregar meu corpo para ser queimado,

B.   mas se eu não tiver amor,
isso não me adianta nada.

B.   O amor é paciente e bondoso,
o amor não é ciumento,
nem orgulhoso,
nem vaidoso.

A.   Não é grosseiro, nem egoísta.
Não se irrita, nem fica magoado.

B.   O amor não se alegra com o mal dos outros,
e sim com a verdade.

A.   O amor nunca desanima,
mas suporta tudo com fé,
esperança e paciência.

Todos: Agora permanecem a fé,
a esperança e o amor.
PORÉM, O MAIOR DESTES É O AMOR!

A Bíblia de edição católica é diferente da Bíblia de edição protestante?

Quanto aos livros do *Novo Testamento,* não há diferença entre as edições católicas e protestantes.

Quanto ao *Antigo Testamento,* a edição católica tem 7 livros mais que a edição protestante. Estes livros são: Tobias; Judite; Sabedoria; Eclesiástico; 1º Livro dos Macabeus; 2º Livro dos Macabeus; Baruc.

Estes livros são chamados também "deuterocanônicos" (deutero = segundo; cânon = lista). Os outros 39 livros do AT são chamados "protocanônicos" (proto = primeiro; cânon = lista).

Os "deuterocanônicos" foram escritos em grego. Foram aceitos, no início, pelos judeus e pelos primeiros cristãos. Mais tarde, porém, foram rejeitados pelos judeus e pelos protestantes.

E, agora, pegue a Bíblia!

Nosso livrinho terminou. Nossos encontros, também.

Mas começa agora o mais gostoso e o mais importante: ler a própria Bíblia.

Se ainda não possuir a Bíblia, procure adquirir um exemplar. (Existem diversas edições. Aconselhe-se com alguém da sua comunidade ou numa livraria católica. Veja também o que dissemos à pág. 36 sobre as diferenças entre as diversas edições).

A Bíblia não é um livro que se lê num dia só! Faça então um programa de leitura. Por exemplo, resolva ler uma página todos os dias. Comece por onde achar melhor. Pode ler primeiro o Novo Testamento, por exemplo.

Outro roteiro de leitura nos é dado pela Liturgia. Ele tem a vantagem de nos fazer acompanhar melhor a oração da Igreja. Ao mesmo tempo, podemos aproveitar os comentários das leituras bíblicas feitos nas pregações.

Nas Missas dos domingos, na maior parte do ano, é lido um evangelho:

— o de Mateus nos anos "A" (1993, 1996, 1999...);
— o de Marcos nos anos "B" (1994, 1997, 2000...);
— o de Lucas nos anos "C" (1995, 1998, 2001...).

O evangelho de João é lido principalmente no tempo pascal. A primeira leitura é do *Antigo Testamento,* escolhida sempre em relação ao evangelho. A segunda leitura é tirada das *Epístolas do NT,* mas só nas festas principais está ligada às duas outras leituras.

Assim, em 3 anos, dá para ter uma visão bastante completa da Bíblia.

Uma última sugestão: começar a leitura da Bíblia por algum livro preparado especialmente para quem está iniciando a descoberta da Bíblia. Veja, por exemplo, os que foram preparados para o Mês da Bíblia e publicados por PAULUS Editora:

Esperança de um povo que luta, sobre o Apocalipse;
O caminho feito pela palavra, sobre os Atos dos Apóstolos;
Bíblia, livro da Aliança, sobre os capítulos 19 a 24 do Êxodo.

SUMÁRIO

5	I Encontro UM POVO QUE CAMINHA
7	Mapa 1
9	Mapa 2
12	Figura 1
13	II Encontro DEUS TAMBÉM CAMINHA COM O SEU POVO
19	III Encontro A PRIMEIRA ETAPA: O ANTIGO TESTAMENTO
20	Figura 2
24	Figura 3
24	Figura 4
26	IV Encontro A NOVA ALIANÇA EM JESUS CRISTO
30	V Encontro A SEGUNDA ETAPA: OS LIVROS DO NOVO TESTAMENTO
33	Figura 5
36	A Bíblia de edição católica é diferente da Bíblia de edição protestante?
37	E, agora, pegue a Bíblia!